Et vous... jeune... jeune maître ?! Une petite... goutte?
Moi ? Hihii !

Lui, non.
...'tout cas, maître Feng, son père... sera pas... pas d'accord !
Non ! Hihiii !
Hip!

Hé ! Attends-moi ! Hip ! Où... où vas-tu ?
Roupiller...

Enfin tranquilles ! Bon, il y a une autre boisson pour toi, **Yu Kong**. Tiens !
Oh, merci ! Hihii !

A 35 ans Kong reste un enfant. Mais dans un instant, il va changer ! Et avec lui, la vie de cette contrée chinoise...

Maintenant, vas-y ! Accomplis bien ta première mission, frère Yu Kong !
Nous aussi, partons !

Ce temps changeant est à l'image du royaume des Sung : l'orage est déjà dans ses frontières.
Pourtant, le soleil, par de brèves éclaircies, arrive à égayer le coin de pré d'où parviennent des cris d'enfants.
Petit barbare ! Rends-toi !
Arrête si tu ne veux pas les 10 coups de bambou ...

Bande de morveux ! Pour une fois, je veux bien vous laisser gagner. Mais regardez ! Ma monture est devenue enragée !
罵! C'est vrai ! Ils foncent droit sur l'arbre ! Une défaite déguisée en suicide ...
Attention ! C'est encore une ruse...
Très astucieux, le petit barbare ... Il a utilisé l'arbre comme un obstacle de terrain pour séparer ses poursuivants.
Partons, laissons-le savourer sa dernière victoire ! S'il savait ce qui l'attend à l'autre bout du village...

?

KRRR... KRRR...

Que faites-vous là ?
Où est votre jeune maître ?
AÏE !
Monsieur l'officier !

Comme d'habitude, nous étions... nous étions en promenade avec le jeune maître, quand deux... deux voyageurs nous abordaient. Après un bout de chemin ensemble...
Hmm... vous empestez l'alcool !

Justement, justement, ils nous invitaient... à partager leur gourde de v... de vin avec une telle insistance... Mais à peine avions-nous bu une lampée que nous tombions endormis.
Hmm! Et le jeune Kong ?

Le jeune maître n'a pas bu.
On en reparlera ! Vous, retrouvez vite ce fauve en liberté avant que... Moi, je cours avertir son père et alerter mes hommes.

YAHOO !

L'officier nous prenait pour des menteurs... Alors là... il ne faut pas demander à Maître Feng de croire à notre histoire. Surtout qu'il s'agit de son fils unique...
Bouddha ou Satan, peu importe, aidez-nous à retrouver ce Kong de malheur ! Où ? Où ? Où ?
VINK

Là où il y a le plus de risques qu'il commette encore des gaffes, c'est au village !

HIHIHII !
Ce rire ... !

Et j'en finirai avec l'autre après, hihi !

Si, comme l'autre jour, il violait une fille et cassait le bras de son médecin, cela irait encore. Mais ce temps orageux m'inspire un terrible pressentiment ...
Tu as fini de proférer des malheurs ? Regarde là-bas , on dirait un incendie !

Avec le vent, le feu se propage vite. Juste le temps de les tirer de là ... s'il reste de l'espoir.

Non...

QUE C'EST BEAU ! HIIHIYIYIYI !
AUGH AUGHH AUGHHH ! Sont égorgés ! Eloignez-vous ! AUGH AUGHH ... !
AU FEU !

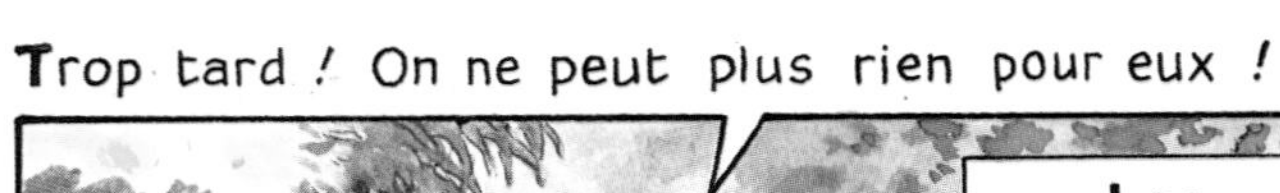
Trop tard ! On ne peut plus rien pour eux !

Les malheureux !

Hihihi ! Ils passent leur vie à accumuler dettes sur dettes envers ma famille... Mais Yu Kong est là pour mettre fin et aux dettes et aux endettés ! Hihihi...

Cependant, il reste les intérêts ! C'est leur rejeton qui les paiera... de sa vie !
Mais qu'attendez-vous pour le rattraper ? Vite !

Bande d'incapables ! Vous ai-je payés pour faire la sieste et le laisser sans surveillance ? Vous répondrez de ce... de cet incendie !

C'est un meurtre, monsieur Yu Feng ! Et votre fils et vos sbires n'en sont pas les seuls responsables.
Toi... toi, attention !

Malheur, Petit Barbare ! Malheur ! Yu Kong...
...Yu Kong cherche à te tuer ! Il a brûlé votre maison, et tes parents... ciel !... Tes parents y sont restés ! Sauve-toi !

N'y retourne pas, imbécile ! Tu ne vois pas comment il m'a arrangé, moi, son médecin ?

Mais il est lent, ce buffle... Plus vite... Pas possible...

Je les ai vus encore à midi... Ils m'apportaient à manger...

Un oiseau sans nid... déjà ? Sans nid... moi...

...un oiseau perdu...

Assassin, arrête ! Arrêtez-le !
Mais vas-y toi !

Il serait préférable pour nous de nous sauver aussi, non ? Par notre faute, le jeune maître a commis deux meurtres et à présent, lui-même... Quelle terrible punition nous attend !

Tu es fou aussi ? Yu Kong est juste un peu sonné, sans gravité. Mais Petit Barbare va s'attirer toute la foudre de Maître Yu Feng et écoper à notre place. Alors dépêche-toi d'aller tout lui rapporter !

PAYSANS, DU CALME !

Cet accident regrettable sera porté en temps utile devant le tribunal. N'oubliez pas que l'Etat doit faire face à des problèmes plus urgents que pose la guerre avec les barbares...

...Tout fauteur de troubles sera jugé comme conspirateur au service de l'ennemi: peine capitale !...

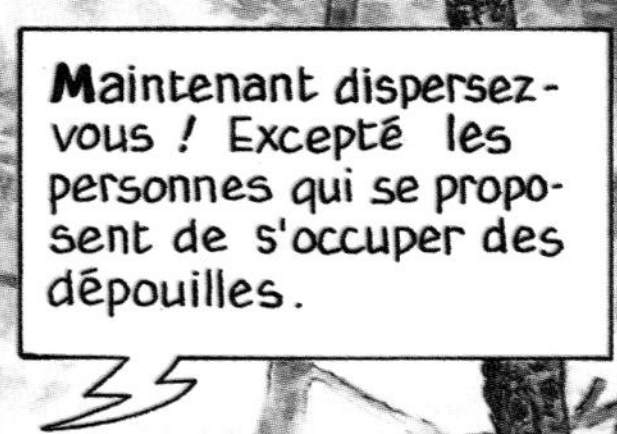
Maintenant dispersez-vous ! Excepté les personnes qui se proposent de s'occuper des dépouilles.

La famille Yu se chargera des frais de l'office religieux et de l'enterrement, n'est-ce pas Monsieur Feng ?

Officier, demandez au richard s'il se montrera encore généreux avec les prochaines victimes de son fils ?

Petit B..., *He Pao* ! ...

OUAIS !
OUAIS !
DU CALME !
Ecoute, *He Pao* ! Ne restons pas ici, allons chez moi, viens... Tes parents sont bien plus heureux que nous, là-haut ...

OSER LANCER UN BUFFLE SUR MON FILS ! RETROUVEZ-MOI CE SALE BÂTARD DE BARBARE !

Tu as fait ça ?! Tu sais bien te battre, mon enfant, mais il faut savoir te sauver aussi ! Vite, vite ! Nous te couvrons !

Vous répondrez de sa capture devant le sous-préfet !
Elle dépend non du prestige de vos relations mais d'un rapport de force, Monsieur Feng... Il y a trop de **fous furieux** en face et nous ne sommes que trois !

DÉGAGEZ !
SALAUDS !
AAARGH !

TCHJiiiii !

Et alors ?
Introuvable, votre gardien de buffles.

De toute façon, c'est sans importance pour mon enquête sur cette affaire.

Quelle affaire ?

Il y a six jours : un viol...
Cette vieille fille de paysans...

... puis coups et blessures sur la personne d'un médecin ; aujourd'hui : un incendie causant deux morts et provoquant un début d'émeute. Si votre précieux fils continue ainsi, ce coin tranquille, le dernier de l'empire, connaîtra aussi ses révoltes paysannes !

Tranquillisez-vous ! Mon précieux et unique fils est bien enfermé cette fois-ci dans ses appartements... Sous bonne garde, jour et nuit.

Mais qu'est-ce-qui ne va plus chez le jeune Kong ? Pourquoi subitement est-il devenu si violent ?

Oui, pourquoi ? Lui qui, habité par les esprits de la folie depuis la naissance, s'est toujours montré doux et inoffensif... ? Ciel, que je suis las !

Monsieur Feng, ce temps orageux irrite aussi bien les vivants que les esprits. En fait, vous n'avez plus recours aux exorcistes ?
Des exorcistes ! Je n'ai vu défiler que des charlatans. Pourtant...

...Pourtant un cousin de Hangzhou dont la fille a aussi l'esprit dérangé, m'a recommandé trois nonnes de suite. Des spécialistes de la folie, dit-il.
Des religieuses ?

Je les ai même reçues hier soir, pour les expulser l'instant d'après... Huh ! Elles osaient prétendre que Kong est sous l'emprise d'une drogue inconnue.

Tiens, tiens ! Il me faudra retrouver ces nonnes. Leur diagnostic concorde avec les déclarations des deux gardiens de votre fils.

Pei et Yen ? Mais vous prenez au sérieux les mensonges de ces vauriens à présent ! Pourquoi des étrangers les abreuveraient-ils de vin soi-disant drogué ? Pour délivrer mon fils ? A quel fin croyez-vous ?
Semer la pagaille au sein de l'Empire déjà troublé par la guerre. L'ennemi ou des organisations louches y gagnent à le faire !

Je dois interroger plus minutieusement les deux gardiens Pen et Yei.
Pei et Yen, je vais les faire appel...
MAÎTRE !

QUOI ENCORE ?
Le jeune maître s'est échappé de nouveau ! Pei et Yen sont morts devant l'appartement...

Maître ! Vous ne vous sentez pas bien ? Wou, cours avertir Madame...
Venez avec moi ! Ah les malheureux !

Fléchettes empoisonnées en plein cœur. Tués par un pratiquant des arts martiaux. Or...
... le jeune maître n'en est pas un ! D'ailleurs il était ligoté à cause de ses nouvelles crises. Cela, maître Feng vous l'a sans doute caché.
VINK 83

Kong serait délivré par un ou plusieurs complices ?!... Ils doivent être encore dans les parages !

QU'ON BLOQUE LES ISSUES DE LA PROPRIÉTÉ !

Au galop, frère Kong ! L'oiseau te guidera !

Tous les éléments de mon enquête fichent le camp, les uns dans l'autre monde, les autres dans la nature. Si je me contente de rechercher ces derniers, ça me fait : trois nonnes, deux ou plusieurs étrangers, un gardien de buffles et un fou ! Joli tableau !

Le jeune maître doit être loin maintenant. Je crois qu'il est sur les traces de Petit Barbare... Il ne cessait de marmonner son nom. Possédé qu'il est par les mauvais esprits et sûrement guidé par eux, il ne tardera pas à parvenir à ses fins !
Pourquoi s'acharne-t-il ainsi sur ce petit débris ?

Mais Petit Barbare a 13 ans ! Fatalement, le jeune maître, malgré sa folie,.. euh... a tenté plusieurs fois de lui faire des avances... sans succès... Hum ! Ne dites pas à maître Feng que je vous ai révélé ça...
Ma foi, on a bien tendance à oublier la vraie nature de Petit Barbare... Et ce Kong, ça m'étonnerait qu'il retrouve la victime de ses désirs.
Enfin, j'espère que non...

HHMMFRR !

KREÏÏÏÏRK !
Qu'est-ce qui te prend ? VA-T'EN !...

YARHH !
ARGK !!

Très joli coup ! Bravo sœur Esprit Limpide !

Occupe-toi de la petite !

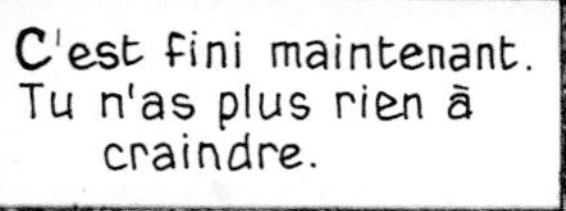
C'est fini maintenant. Tu n'as plus rien à craindre.

Oh oui, pleure ! Mais l'orage va éclater. Viens avec nous ! Viens !

Sale oiseau ! Ainsi, tu t'es allié avec ce porc !

Si j'avais un arc... mais j'enfreindrais la loi de Bouddha... Ah, tu me lâches enfin...

... parce que l'autre fiche le camp !

Attendez - moi !

C'est là ! Nous arrivons !

Les imprudentes ! Qu'est-ce-qui vous arrive ?

Tant de malheurs à cause d'un fou ! Tout cela ne serait pas arrivé à He Pao si hier soir le richard nous avait laissé le temps d'examiner son fils. Il se droguait, c'était évident !

Sœur Esprit Limpide et moi n'avions pas reconnu ce Yu Kong ; il faisait sombre dans le bois... Encore heureux que nous nous soyons attardées pour cueillir quelques herbes.

C'est le destin qui en a décidé ainsi. Notre chemin et celui de He Pao ne se sont pas croisés par hasard. A nous de prendre cette jeune fille en charge... Qu'en penses-tu, He Pao ?

Oh, vénérables nonnes, je vous serai éternellement reconnaissante ! Mais... suis-je faite pour être religieuse ?

Sait-on jamais, plus tard ? Pour l'instant, nous avons besoin de ton aide ...

... pour les travaux ménagers, pour cueillir, soigner les plantes, préparer quelques remèdes faciles; nous t'apprendrons à devenir guérisseuse si tu veux. Bref, il y a beaucoup à faire sur cette jonque.

Je ferai mon possible.

Bien sûr, tu ne pourras plus te battre avec des gardiens de buffles ! Nous voyageons beaucoup et c'est aussi amusant, tu verras.
Au fait, pourquoi ce surnom de garçon, pourquoi *Petit Barbare* ?

Mes parents m'ont adoptée très jeune, je ne me souviens plus dans quelles circonstances. Ne pouvant pas avoir d'enfant, ils m'ont élevée comme un garçon car ils avaient toujours rêvé d'un fils... Au village, les gosses surtout me maltraitaient. J'ai su m'imposer à eux par la force et par la ruse ... comme un garçon.

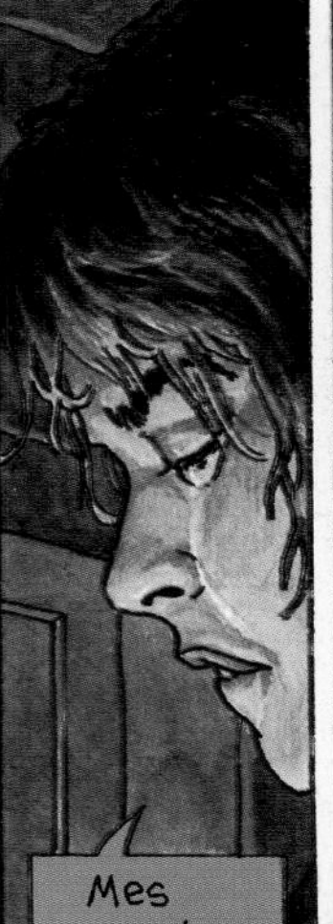

15

Tout le village finit par me traiter en garçon, en barbare de surcroît car je ne suis pas de la race des Han comme mes parents et comme vous.

On n'appelle pas toujours barbare un étranger qui n'est pas un Han ! Je suppose que personne dans ce coin n'a encore vu un vrai barbare comme les Jin du Nord. Toi, tu n'en es pas une.
Dans certaines grandes villes, nous avons vu des gens à la peau blanche comme toi. Ceux-là viennent de plus loin, des contrées à l'Ouest...
Ça alors !

Je ne suis donc pas une barbare ! Il y en a d'autres comme moi !! Les verrai-je un jour ??

Très probablement puisque tu voyageras avec nous désormais. Demain, nous partirons de bonne heure, n'est-ce pas Grande Sœur ?
Oh oui ! Qu'elle aille se reposer dans l'autre pièce. Elle est très fatiguée, ça se voit. Tu lui prépareras une bonne tisane apaisante !

Sans cet orage...

... nous aurions pu partir cette nuit même... Je préfère éloigner la petite de cet endroit le plus tôt possible.

Quand tu seras endormie, nous célébrerons une cérémonie funèbre de trois jours pour tes parents. Délivrés des tourments de la vie terrestre, ils souriront au Pays des Neuf Sources.
Hm... Dis, Sœur Esprit Limpide...

... Bouddha permet-il à ses disciples de manier les armes ?
Ce sont des armes de dissuasion, tu sais, pour faire peur aux brigands, pour les éloigner, pas pour les tuer.

Sans moyens de défense, c'est impossible d'aller de village en village pratiquer notre art de guérir. En temps de guerre, les routes ne sont sûres nulle part... Elle est bonne, la tisane ?... Mais tu es en sécurité avec nous ! Ça...

Je sais. Tu sais donner de terribles coups de pied ! Tu m'apprendras les arts martiaux ?
Si c'est pour te veng... pour te bagarrer avec des gardiens de buffles, alors là...

Tu sais, He Pao... Les arts martiaux c'est pas seulement pour se battre ou se défendre... Ils développent tes... Ce sont des moyens pour se sentir bien dans son corps et son esprit...

Comprends-tu ?

Ecoute ce tonnerre ! Et cette pluie qui fouette le toit, ce vent ! Sens ces remous du fleuve ! Qu'on est bien ici, petite sœur !

Un cas vraiment intéressant ce Yu Kong! Une drogue qui rend meurtrier...Qu'allons **nous faire**, selon vous ?
La connaître et trouver son antidote! Des drogués comme Kong sont capables de semer autant de désolation que les hordes barbares !

C'est juste , sœur Pure Conscience. Demain tu retourneras au village pour savoir davantage sur cette affaire. Chez les Yu, essaie de dénicher un échantillon de drogue. Nous t'attendrons dans la pagode un peu plus loin, en aval du fleuve, avec He Pao.

Grande sœur, je crois qu'il faudrait tenir secrète notre enquête et, en présence de He Pao, éviter de mentionner le nom des Yu. Cette petite rumine des idées de violence.

Le silence ne l'empêchera pas de rêver de vengeance. Au contraire, il faut lui montrer, par notre enquête, que Kong, drogué, est irresponsable de ses actes.

Mais He Pao pourra chercher après d'autres coupables : les fournisseurs de drogue par exemple.
Les trouverait-t-elle? Les trouverions-nous nous-mêmes ? Notre tâche se bornera à déterminer la nature de cette drogue. Aux autorités de faire le reste.

Elles auront du mal à faire la lumière sur cette affaire : dans quelle mesure les aveux d'un fou seront-ils considérés comme crédibles pour savoir **qui** l'a drogué et **pourquoi**...

Tiens, quel est ce bruit ?
He Pao...Malgré la tisane, son sommeil est agité...
VINK 4.83

HE PAO! N'ENTENDS-TU PAS LE FEU QUI CRÉPITE? SAUVE-NOUS!

C'est la pluie qui crépite! Père, mère! Vous êtes sauvés! C'est la pluie!

C'est le feu! Le feu!
LE FEU! HÌÌÌHIHI!

VA LES REJOÍNDRE EN ENFER, PETITE SOUILLON!

RGKARH!
?

Mais je ne rêve pas! On se bat sur la jonque ...

Même au-dessus !

!

YARH !

RGKARH !

YU KONG !

Tu me traques jusqu'ici ? Tu vas me le **payer** !

NON HE PAO! N...

LE TUER ? NON ! JE VAIS LUI TRANCHER LES JAMBES ! CE FOU CESSERA DE ME POURSUIV...

OUCH !

HE PAO !
Voilà un coup dont tu te relèveras difficilement, hihihi !

MONSTRE ! MONSTRE !

Sœur Esprit Limpide... j'ai... j'ai mal... J'entends même de la flûte.
Tu ne délires pas. Effectivement quelqu'un joue de la flûte. Sans doute, donne-t-il l'ordre de retraite aux brigands. Tiens, avale ces pilules. Elles te soulageront.

Grande Sœur, He Pao est blessée !
Je sais. Il serait sage de lever l'ancre ! Cette musique les incite à un combat suicidaire ! Ce sont des **fous** ! Fous et drogués comme Yu Kong !
21

RGKARH!
Quelle horreur! Yu Kong se tranche l'oreille !
Et les autres se tailladent!
RKHAAA

QUE LE FEU TERRESTRE EMBRASE LE MONDE !
Nous avons évité de faire couler leur sang mais eux ont besoin de l'odeur du sang pour s'exciter!
Vieille sorcière, viens! Essaie de toucher à l'ancre! Haha...

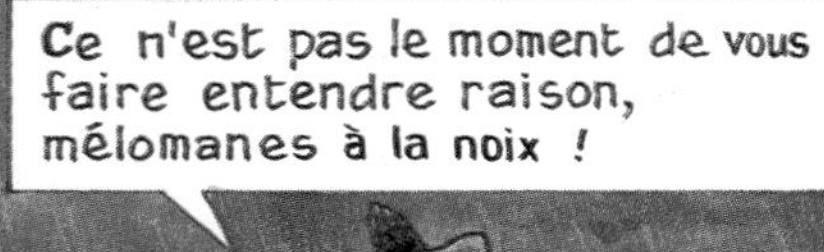
Ce n'est pas le moment de vous faire entendre raison, mélomanes à la noix !

ARJK!

BOM!
BOM!
BOM!
Aaah!

Pure Conscience est en difficulté ! He Pao, je reviens tout de suite !

YARH!

!
Ça ira pour moi Sœur Esprit Limpide. La blessure n'est pas grave. Je vais auprès de He Pao. Toi, aide Grande Sœur à appareiller.
Tous les fous sont jetés pardessus bord. Tous ? Seul, sur la berge, le joueur de flûte est conscient du drame qui se prépare à l'arrière-pont de la jonque.

Tête de Fer va te faire payer pour toutes les autres !
!
Attention aux courants ! Je lève l'ancre !

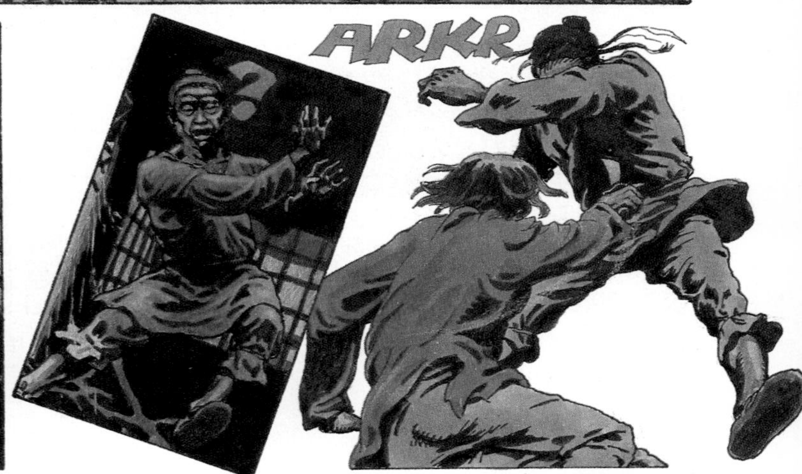
?
ARKR

BOM !
BOM !
QUE LE FEU... DES ENTR... AILLES... DE... LA... TER... RE...
BOM !
CRRAAK !
HE PAO !

...emb...ra...se...

Malheur ! Il a démoli le gouvernail !

Tête de Fer mon frère, nous te vengerons !

Sans gouvernail, la jonque part à la dérive ! Vite, les perches !

Au prochain coude du fleuve, nous essaierons d'accoster sur l'autre rive !

Tu frissonnes ?
Je ne l'ai pas voulu ... Vraiment, je n'ai pas voulu le tuer ! Si c'était Yu Kong, je n'aurais pas frissonné.

Tu as mal ici ? Hm... une côte cassée, je crois. Avec les médicaments et les plantes à bord tu seras bien soignée dès qu'on arrivera à bon port. Ne bouge pas. Je vais les aider ...
Mais tu es aussi blessée, Sœur Pure Conscience.

Le courant est vraiment fort ! Avec ou sans gouvernail, finalement c'est pareil !

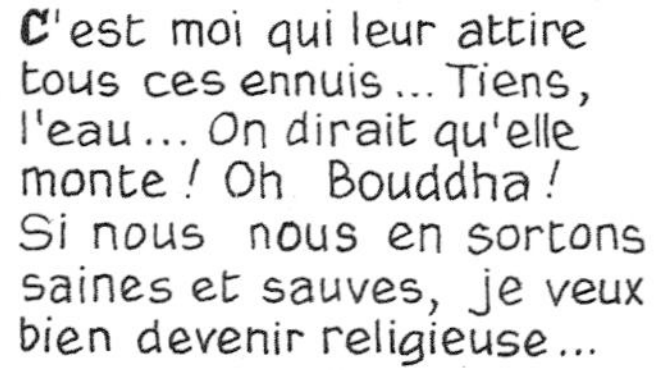
C'est moi qui leur attire tous ces ennuis ... Tiens, l'eau ... On dirait qu'elle monte ! Oh Bouddha ! Si nous nous en sortons saines et sauves, je veux bien devenir religieuse ...

J'ai l'impression qu'on s'enfonce ! Il doit y avoir une brèche quelque part ...
Je vais voir !
24

Ces brèches, c'est l'œuvre du fou furieux qui cassait tout avec sa tête. Si nous n'atteignons pas la rive...
ADDIO BAMBINA MIA !
?
QUELLE PUANTEUR...
QUELLE SOLITUDE...
QUEL SILENCE...
QUEL FROID...
25

Son état est grave. Une côte cassée, les organes internes de l'abdomen fâcheusement atteints par le choc. Le naufrage a empiré les choses.

Kong lui a donné un rude coup de tête. Quelle haine démesurée il lui voue !
Il va bientôt faire jour. Nous chercherons un hameau ou une pagode où elle sera mieux soignée.
Pauvre petite... Elle délirait tout à l'heure dans une langue que nous ignorons.

Il me reste quelques pilules calmantes dans la ceinture.
Tous nos médicaments, toutes nos plantes... et Sœur Pure Conscience...

Je suis en mesure de sortir maintenant. Il faut lui trouver un remède... ou un quelconque secours... sinon nous perdrons aussi la petite sœur.

La tête me tourne encore.

Père ? Mère ?... Grande Sœur, où sont-ils ?
He Pao, reste tranquille ! De qui parles-tu ?
De mes vrais parents ! Je les ai reconnus... avant de sombrer moi-même dans les eaux... Ils étaient accrochés à l'épave, une douleur intense brûlait leur visage ... et me brûle encore.
Rien que des cailloux ...
... et des plantes sans valeur.
?
Ils me criaient quelque chose... quelque chose dont je ne me souviens plus !
Addio babi... ou bami... ? Tu le répétais dans ton délire. Et bien sûr, sa signification t'échappe ...
Un village abandonné ! La désolation est partout...
Vous avez un malaise ?! Pourrais-je vous aider ?
VINK 83
27

Le fleuve a aussi sa mémoire ! Il t'a restitué une vision lointaine de ton enfance... Tu as sûrement vécu un naufrage semblable avec tes parents, probablement des commerçants...

Tu aurais été la seule à être sauvée, peut-être par ceux-là mêmes qui t'ont adoptée et appelée He Pao... He Pao, *le joyau du fleuve !*
Ils ont toujours évité de m'éclairer sur les circonstances de mon adoption. Je n'ai jamais compris pourquoi.

Au fait, où ... où sont les deux sœurs ?

Esprit Limpide est à la recherche de quelques remèdes pour toi. Mais Pure Conscience, elle, n'est plus... Nous ne l'avons pas retrouvée.

Pauvre soeur Pure Conscience! C'est elle qui m'a jetée hors de la jonque... Sacrifice bien inutile... car je me sens **brisée**... Plus pour longtemps en tout cas.
Le destin ne t'a pas préservée de **deux naufrages** pour rien : tu auras une vie exceptionnelle, c'est prédit par les lignes de tes mains. Ce n'est pas un coup de tête de Kong qui va changer tout ça, non !?

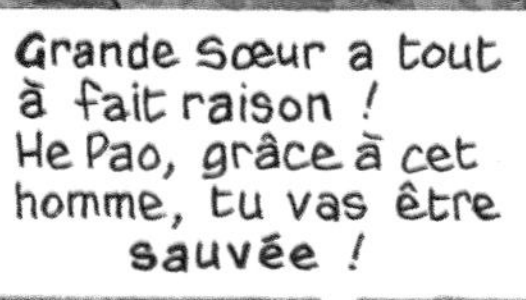

Grande Sœur a tout à fait raison ! He Pao, grâce à cet homme, tu vas être **sauvée** !

Vénérable nonne, je m'appelle **Wang Po**, surnommé le Boiteux Rigolant, éternel voyageur. Le dernier village qui m'a abrité vient d'être ravagé par des brigands et me voici de nouveau sur la route.

Vous êtes médecin ?

Non, Vénérable nonne, mais je sais ce qu'il vous faut. L'état de la jeune fille est critique et ne peut prêter à sourire...
Eh oui... Monsieur Po a une paralysie faciale qui provoque une apparence de sourire permanent. Voulez-vous, Monsieur Po, expliquer à ma Grande Sœur comment vous pourriez aider He Pao ?
VINK

En temps de troubles méfiez-vous des personnes serviables.

A une journée de marche d'ici, le Mont des Nuages Colorés recèle un véritable trésor de plantes médicinales susceptibles de sauver notre blessée. L'infirme que je suis peut vous affirmer qu'il n'y a aucun médecin de valable dans les environs.
Le Mont des Nuages Colorés...
Laissez un vieux vagabond se rendre utile... Je vous y guiderai. Je boîte légèrement mais ne traîne pas.
Parfait !... Pour He Pao, improvisons un palanquin.
Ce soir, He Pao, tu iras mieux. Mais nos soins seuls ne suffiront pas. Dès à présent, tu dois apprendre à te guérir toi-même.
Que dois-je faire ?
Première leçon : pendant le trajet, ferme les yeux, écoute ton souffle et sens les mouvements de ta respiration. Cela te relaxera.
Sœur Esprit Limpide ?
Qu'y a t-il ? Tu as très mal ?
29
VINK 83

Je me sens bien... Ah ! Je me revois toute petite dans les bras de ma mère. Nous sommes justement dans un palanquin... Mon père avec sa belle barbe, chevauche à nos côtés...

Grande Sœur ! He Pao continue à délirer !
Mais non... Laisse-la !
Ça s'anime là devant !

Holà ! N'allez pas dans cette direction !
Nous venons de quitter notre village. Les barbares arrivent !

Ne vous en faites pas ! Nous éviterons votre village !
' sont fous !

LES BARBARES ! LES BARBARES !
Il y a une longue caravane. Autour de nous, des cailloux... à perte de vue. Pas l'ombre d'un arbre... Il fait chaud !

PAR ICI !
OAWH ! OAWH !
J'ai soif ! A boire s'il vous plaît !

Monsieur Po, donnez quatre gouttes d'eau à He Pao, pas plus ! Et faites lui de l'ombre ! Nous allons *leur* parler.
YAHOOO !
Faites plutôt des prières pour nous tous si vous en avez le temps...

YAH...
?

HIEEEEERK !
Des partisans !

MORT AUX BARBARES !
Des fléchettes ! Il les a abattus avec *deux* fléchettes !

HOURRA ! VICTOIRE ! En un rien de temps, tous ces barbares sont exterminés, héhé ... Bientôt...
Attention !

Une tête ?!
He Pao...
Elle dort !

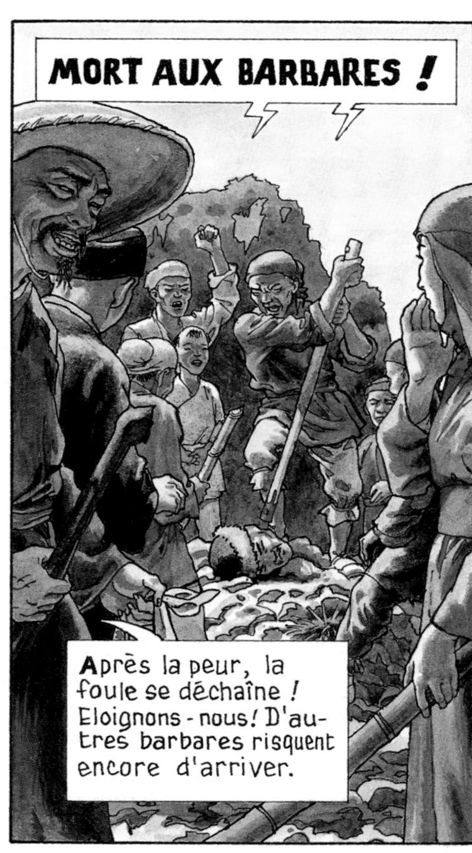
MORT AUX BARBARES !
Après la peur, la foule se déchaîne ! Eloignons - nous ! D'autres barbares risquent encore d'arriver.

Entretemps, ces trois hommes se sont volatilisés ... comme de vrais diables !
Les chevaux aussi... Dommage !
MORT AUX BARBARES !
Des diables !... Leur cri de guerre a quelque chose d' *inhumain*... Et leur style de combat est justement *diabolique*... Grande Sœur, à quelle école d'arts martiaux appartiennent ces trois hommes ?
Euh... à aucune, que je sache...

VINK 83

Déjà plus de la moitié du chemin parcouru ! Nous y serons bien avant la tombée de la nuit.

Esprit Limpide, en fait, la technique de combat de ces trois hommes me rappelle assez vaguement un maître disparu... Mais celui-ci n'a jamais eu de disciples, à moins que je me trompe.
32

Ce maître ne serait-il pas démoniaque ?
Démoniaque ?... Plutôt fou, oui. On l'appelait d'ailleurs le Moine Fou. C'était un véritable moine.
Ça alors !...
Le destin semble nous lier aux fous !
Il peut nous lier à la folie ! Une personne saine d'esprit peut s'égarer dans la folie...
C'était le cas du moine.
Comment cela ?
Le moine était partagé entre l'amour de Bouddha et celui de la violence ! Il inventa une technique de combat terrifiante qu'il garda secrète tellement elle était meurtrière et invincible !
Monsieur Po est au courant !... En somme, rien d'étonnant. Le Moine Fou était une figure légendaire qui faisait trembler le monde des arts martiaux il y a 40 ans d'ici... Est-il mort ? On a tout simplement perdu sa trace depuis.
Mais précisément comment ce moine est-il devenu fou ?
VINK 9-83

En s'égarant dans des pratiques mentales tortueuses. Son art martial exploite les énergies ténébreuses enfouies dans les tréfonds de l'esprit humain
La vie est l'action de toutes formes d'énergie...

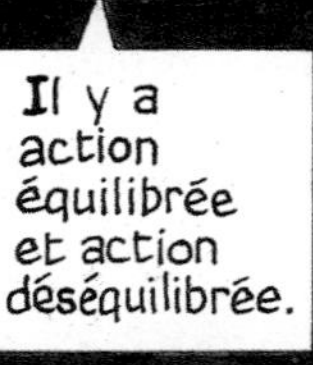
Il y a action équilibrée et action déséquilibrée.

La vie est équilibre et déséquilibre, comme la paix et la guerre... Là !

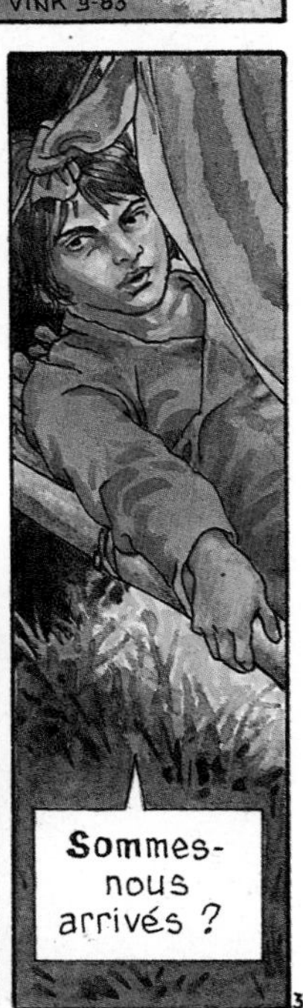
Sommes-nous arrivés ?

Regardez cette butte couverte de végétation. Derrière s'ouvre l'entrée d'une grotte qui mène à un gouffre à ciel ouvert. Là, vous les trouverez, ces plantes précieuses.

Nous vous sommes très reconnaissantes, Monsieur Po. Que voulez-vous en contrepartie ? Des soins pour votre bande ?
Que signifie ?

La Vénérable Nonne a fait une erreur regrettable. *Nous* n'avons besoin d'aucun soin.
KLAP
KLAP

Quelque chose chez Monsieur Po m'intriguait depuis le début. Avec mon ouïe exercée, j'ai suivi attentivement le *rythme* de sa respiration. C'était celui d'un homme qui n'était pas effrayé par l'apparition des cavaliers barbares...

... car il avait disposé des complices qui assuraient sa protection. Ceux-là mêmes qui massacraient les barbares.
Et pendant l'exploit sanglant de ses hommes, sa respiration trahissait la fougue d'un expert participant mentalement au combat.

Esprit Limpide, c'est le *Boiteux Rigolant* qui dirigeait l'attaque contre notre jonque... Le joueur de flûte sous la pluie...
YU KONG ! Là...

C'était le baptême de feu pour mes nouvelles recrues. Il fallait bien qu'ils s'entraînent !

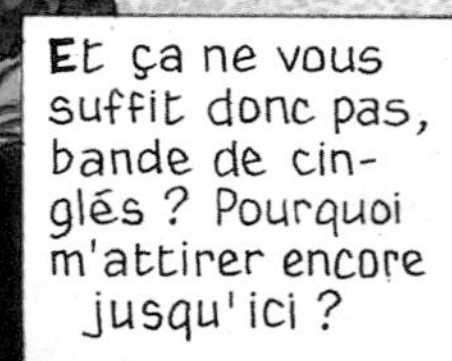
Et ça ne vous suffit donc pas, bande de cinglés ? Pourquoi m'attirer encore jusqu'ici ?

Ta petite personne de garçon manqué n'intéresse que frère Yu Kong.

Notre proie de prédilection à nous tous c'est cette race immonde des guérisseurs qui prétendent soigner ceux qu'ils appellent les *fous* ! Nous soigner ! HAHAHA !

Voilà qu'il rigole pour de bon, le *Boiteux fou à lier* !
Silence, He Pao !

Sale vermisseau ! Tu paieras pour cette insolence et pour la mort héroïque de Tête de Fer !

Nous soigner ! Huh ! Mais pourquoi ? Hein ? Pour nous rabattre au rang du commun des mortels, ces pauvres brebis bêlantes ?

Regardez la pagaille qui règne dans la société de ces gens soi-disant sains d'esprit.

Ils en rejettent la responsabilité sur quelques *fous* mais eux sont aveugles quant à leurs propres tares.

Et parce qu'ils sont la majorité à partager les mêmes tares, ils se permettent de traiter les autres de *fous* ! Et de nous mépriser, rejeter, enfermer, martyriser... Nous soigner ! Huh !

Des dégénérés ne sont bons qu'à servir la race supérieure que nous sommes ! Il est temps de mettre le feu à cet empire Sung et au reste du monde ! Car en nous brûle le même feu qui gronde dans les entrailles de la terre !

HIEERK EERRK !
QUE LE FEU TERRESTRE EMBRASE LE MONDE !
VINK 83

Nous développons un art martial qui nous rendra bientôt maîtres du monde. Hélas, vous ne verrez pas cette prophétie se réaliser.

Cet idiot n'est quand même pas le Moine Fou ?
Il n'est que fou. Le Moine Fou est son maître.

Il l'était. Le moine n'avait qu'un seul élève...
Je vois ! Le maître avait eu des regrets. Son art martial est trop meurtrier pour être divulgué... Pourtant vous êtes toujours en vie. Il ne vous en avait donc enseigné que des rudiments...

Des rudiments pareils à des graines qui engendreront des arbres et puis des forêts !.... Il m'avait cruellement estropié et même rendu amnésique... 30 années de lutte pour récupérer, haha !

Et aujourd'hui, ralliant mes semblables, je poursuis la *Voie* dans laquelle *lui*, il n'osait pas s'engager !
Alors, osez descendre dans ce gouffre.

C'est *son* sanctuaire secret n'est-ce pas ?
Comment ? Le Moine Fou est toujours...

Et ce vieux boiteux nous y envoie pour nous faire massacrer à sa place ?!

Mais qu'attendez-vous, guérisseuses ? Allez *le* soigner ! N'oubliez pas non plus les plantes médicinales pour le petit garçon manqué !
Sale Boiteux, Yu Kong, bande de fous ! Soyez maudits, maudits ! Un jour... un jour...
JE VOUS TUERAI TOUS !
Je doute fort que vous voyiez encore se lever le soleil, hahaha !

Avec un fardeau comme moi, vous ne pensez tout de même pas vous mesurer au Moine Fou ?! Pourquoi se laisser prendre entre deux feux ? Attendons la nuit ici pour filer ?!
Calme-toi, He Pao ! Tu peux te fier à nous.
VFHOOO...
Ce vent froid qui hurle ses menaces! Brrr !... Courage ! En avant! Destination : enfer!
Tous ces oiseaux ! On dirait qu'ils ne sont pas habitués à tant de monde...
Regardez !
VINK 83
Une pagode suspendue... à moitié détruite !
37

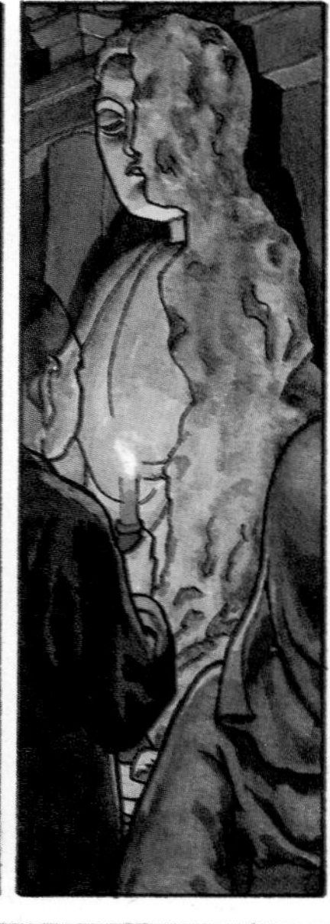

Ce lieu est inhabité depuis des années ...
Grande Sœur ! He Pao brûle de fièvre !

C'est inouï, toutes ces plantes ici réunies par le Moine Fou. Est-il parvenu à guérir sa folie? Qui sait s'il ne se terre pas en ermite quelque part dans une des grottes ...

Personne !

Une nuit sans sommeil, le naufrage... et puis ce voyage... Mes nerfs sont fatigués...

AU SEC... !

Une pagode et une statue à moitié démolies... C'est *lui* tout craché.

Mais t'es folle ! Pourquoi cacher ton joli crâne sous ce bout d'étoffe ? Hihiii ...
Esprit Limpide est en danger, Grande Soeur ! Grande Soeur !
Hein ?! Quoi ?
A demain !
Tu as vu, Grande Sœur? Une vraie diablesse ! Elle aurait pu ... m'abattre aussi vite que la foudre.
Ce lieu étrange... m'a distraite. Vois-tu, le Boiteux nous envoie ici pour vérifier si le Moine est encore vivant et pour le combattre au cas où...
Moi aussi j'avais oublié que cette bande de fous nous guette là-haut.
Maintenant ils n'ont plus peur de descendre dans le gouffre, sachant que le Moine n'y est plus. Et demain ... ils nous attaqueront !
Parons au plus urgent : les médicaments pour He Pao.
Beerk !
QUE LE FEU TERRESTRE EMBRASE LE MONDE !
VINK XI 83

Ils sont en liesse... Ces gens-là me font peur, Grande Sœur. Qu'allons-nous faire ?
La solution à notre problème, je l'ai trouvée tout à l'heure quand nous étions dans le jardin du Moine... Ce qu'il nous faut d'abord, c'est quelques heures de repos.
La lune s'est montrée au-dessus du gouffre. L'air est empli de mille senteurs... Rien, rien ne présage un lendemain tumultueux.
O Pure Conscience, ma chère soeur, que ton âme soit au Pays de Bouddha...
Après, nous nous fixerons ici. Nous avons un toit... ou presque, et un jardin médicinal...
C'est vrai. Que demander de plus ?
Comment ?! C'est déjà l'heure de sortir les buffles ?
Finis les mauvais rêves, He Pao ! Tu n'es plus gardienne de buffles chez les Yu !
VINK

Un nouveau breuvage ! Quel odeur! Ah non ! Ça suffit ! Je me sens déjà mieux.
C'est un anti-vomitif. Sans lui nous ne résisterons pas à l'attaque des fous.

Un anti quoi ?

殺 啊 !

Eux aussi ont pris leur drogue ! Vous les enten--dez d'ici ? Esprit Limpide, à l'ouvrage !
Dites-moi ce que vous allez faire !
C'est vrai. Ecoute...

Active le feu ! Ils arrivent !

L'orage éclate au-dessus du gouffre. Poussant des cris inhumains, les fous s'élan-cent du haut de la paroi rocheuse.

SUS A LA VERMINE ! VENGEONS LA MORT DE TÊTE DE FER !

RARRGHH... AUGH AUGH !
?
AUGH! AUGH! AUGH!
AUGH! AUGH!

OEUURRK!
Quelle odeur nauséabonde !
AUGH ! Vieilles sorcières ! Si vous croyez pouvoir nous empoisonn... AUGH AUGH !
Mais... La petite garce est juste en-dess...
AUGH AUGH !
MORT À LA VERMINE !
ARHH !
AUGHH AUGH !
PÈRE MÈRE À MOI !
He Pao, la couverture ! Vite !
Vous m... m'avez ... OEURRK !
Trente années de lutte qui ne valent pas plus lourd qu'une fumée empoisonnée.
VINK 84

HUG!
Il aurait pu me tuer ! Il a été si rapide...
Plus rien à faire pour lui non plus ?
...non... Kong pas... méch...ant. Père... Mère... Kong veut re...tour...
Plaçons ce malheureux et le Boiteux dans une grotte. Nous les enterrerons plus tard.
KREÏRK !
Et les autres ?
Ils seront soignés ici. Avec les plantes du jardin, nous fabriquerons de nouveaux médicaments.
Finis les voyages de village en village pour y expérimenter nos produits !
Quelques semaines plus tard...
C'est réjouissant de constater qu'après traitement, nos pensionnaires ont tout oublié de cet art martial maléfique.
La suppression de cette drogue mystérieuse, disparue avec le Boiteux lui-même, y est pour beaucoup.
VINK 84
Quel soulagement ! Le danger que l'art martial du Moine subsiste est écarté !
43

Et si le Moine F... si le Moine est encore en vie ?
Tu sais, He Pao, pourquoi le Moine a détruit une partie de la pagode et la moitié de la statue de Bouddha ?

Parce qu'il est fou Grande Sœur !

Hm hm !
Par cet acte, le Moine signifiait qu'il était parvenu à se libérer, en partie, de l'emprise du culte. Il était sur la voie de l'illumination.

Un tel homme, HePao, ne répand plus la destruction.

On dirait qu'elle a connu le Moine Fou. Entre eux il devait exister un secret... Un secret romantique ... hm... qui expliquerait l'intérêt de Grande Sœur pour l'étude des folies et de leur guérison. Qu'en penses-tu ?
Qu'il est temps, ma pauvre petite, que tu t'intéresses aux études : la philosophie, la calligraphie ... D'ailleurs, je t'apprends à lire dès aujourd'hui.

Et ça, Esprit Limpide, tu m'apprendras ça aussi ?
Quoi ?

Volontiers, He Pao ! Je vais t'enseigner l'art de recevoir des coups de pied !
終
SCENARIO DESSINS COLORIAGE
VINK
84

«La vie de He Pao va connaître d'autres bouleversements. C'est naturel.
L'orage éclatera au Mont des Nuages Colorés: vengeance posthume du Boiteux!»